NEUE·PERSPEKTIVEN

David Dela Gana

TAPESCRIPT

Longman

Longman Group UK Limited,
Longman House, Burnt Mill, Harlow,
Essex CM20 2JE, England
and Associated Companies throughout the world

First published 1988
Second impression 1989
ISBN 0 582 35468

Set in Times Roman 10/12 monophoto

Produced by Longman Group (FE) Ltd

Acknowledgements

We are grateful to the following for permission
to reproduce copyright material:

Gruner & Jahr AG & Co for articles and
extracts from various issues of *Stern* magazine;
the author, Benno Kroll for an abridged
extract from his article in *Brigitte* 1983/2.

Longman Group UK Limited,
Longman House, Burnt Mill, Harlow,
Essex CM20 2JE, England
and Associated Companies throughout the world.

First published 1988
Second impression 1989
ISBN 0 582 35468 4

Set in Lasercomp 10/12 point Times
Produced by Longman Group (F.E.) Limited
Printed in Hong Kong

Contents

1. Einheit

2. Kapitel s.17
Christiane im Ausland

CHRISTIANE	Mir hat es in London fantastisch gut gefallen. Ich war noch nie in meinem Leben so aktiv und lebenslustig. Ich möchte unbedingt dort leben, also: Auswandern, wenn ich meine Berufsausbildung fertig habe.
INTERVIEWER	Was wollen Sie dort machen?
CHRISTIANE	Eigentlich wollte ich Fremdsprachen-korrespondentin werden—da hätte ich in England wenig Chancen, einen Job zu bekommen. Also lerne ich Hotelfach-frau im Ramada-Hotel in Hamburg. Die Ramada-Kette hat in London auch ein Hotel.
INTERVIEWER	Woher kam die Idee, ins Ausland zu gehen?
CHRISTIANE	Ach, ich hätte die Idee nie gehabt, hätte meine Mutter mich nicht gedrängt. Aber sie sagte, ich sei erwachsen genug, um auf den eigenen Beinen zu stehen; und sie wollte auch was vom Leben haben. Erst war ich ganz unentschlossen. Dann kamen wir auf die Idee, eine Au-pair-Stelle zu nehmen. Es war eine tolle Idee. Ich bin meiner Mutter heute noch dankbar.
INTERVIEWER	Also; die Stelle war gut, oder?
CHRISTIANE	Nun ja: die englische Familie hat mich korrekt behandelt, aber nicht besonders freundlich—die Eltern waren so ziem-lich beschäftigt. Und meine Meinungen mußte ich etwas ändern, nachdem ich die Kinder kennengelernt hatte—sie waren so unartig!
INTERVIEWER	Und die Freizeit?
CHRISTIANE	Ich lief zweimal wöchentlich Rollschuh—im Club; ich ging zur Schule und oft ins Theater; ich besichtig-te Sehenswürdigkeiten—ich war ein-fach aktiv und engagiert auf eine Weise wie noch nie in Deutschland.
INTERVIEWER	Woran liegt das denn?
CHRISTIANE	Na, der Grund ist allerdings nicht in der Faszination Londons zu suchen ...

3. Kapitel s.21
Wohngemeinschaft

PETER	Als erstes finde ich, daß wir eine Wohnung suchen müßten.
SABINE	Ja, aber wir sollten erst überlegen wo—oder besser wie groß.
MICHAEL	Es wäre gut, wenn jeder ein Zimmer für sich hätte.
ANNA	Ich finde, es wäre nur dann akzeptabel. Sonst hätten wir zu viele Probleme damit, wer wohin gehen sollte.
PETER	Und wir wollen einen Gemeinschaftsraum, wo wir beinander sein könnten.
SABINE	Die Wohnung müßte dann sehr groß sein. Aber Gemeinschaftszimmer ist kein Prob-lem. Das wäre die Küche.
MICHAEL	Genau! Aber wie wollen wir es mit der Küche machen?
PETER	Sauber halten! Das Bad auch!
ANNA	Sehr richtig: Das kannst denn du machen!
MICHAEL	Logisch halten wir die Küche sauber. Es würde nur gut gehen, wenn wir regelmäßig putzen würden. Aber ich meine mit Kochen und so.
ANNA	Ich wäre dafür, daß wir die Küche gemein-sam führen.
SABINE	Finde ich auch.
MICHAEL	Und mit Entscheidungen auch—zum Bei-spiel wenn wir entscheiden würden, ob wir ein Telefon wollten. Dann müßten wir die Entscheidung gemeinsam treffen.
PETER	Klar doch! Und wenn wir abends spät heim-kommen, keine laute Musik mitten in der Nacht.
ANNA	Eben. Ich mag nicht zu spät ins Bett: Ich muß ja früh aufstehen.
MICHAEL	Natürlich, das würde ich auch nicht gut fin-den. Jeder hat Respekt vor den anderen.

2. Einheit
4. Kapitel s.25
Traumberuf und Wirklichkeit

JÖRG In zwei Jahren fange ich eine Lehre als Kraftfahrzeugmechaniker an. Die Lehrstelle habe ich schon. Meine Eltern haben das organisiert. Aber danach will ich dann Polizist werden. Warum? Ich will für Recht und Ordnung sorgen.

THOMAS Ich mache jetzt eine Lehre in meinem Traumberuf, Kfz-Mechaniker. In Zukunft muß man Spezialist sein, auch in meinem Beruf: An den Autos gibt es immer weniger zu reparieren. In zehn oder zwanzig Jahren braucht man gar keine großen Werkstätten mehr. Dann wird es nur noch wenige Spezialisten geben.

HORST Ich wäre ganz gerne Bankkaufmann geworden. Aber ich habe zu spät nach einem Ausbildungsplatz gesucht. Da war nichts mehr zu machen. Ich habe nur noch eine Lehrstelle als Großhandelskaufmann gefunden. Aber ich will in meinem Beruf weiterarbeiten. Den Beruf zu wechseln ist schwer. Man muß froh sein, wenn man heute überhaupt noch einen Arbeitsplatz hat in diesen schweren Zeiten.

DANIELA Nach der Hauptschule habe ich eine Lehrstelle als Konditor gefunden. Aber jetzt, nach einem halben Jahr, finde ich das nicht mehr gut. Die Arbeit ist hart und monoton. Ich muß alle Schmutzarbeiten machen. Als Lehrling wird man nur ausgenützt. Und 369 Mark im Monat finde ich viel zu wenig bei der harten Arbeit! Also, ich will die Lehrstelle wechseln und was anderes machen. Aber ich weiß noch nicht genau was—irgendwas ohne Streß und so...

AYTEN Ich bin Türkin und komme aus Istanbul. Aber ich wohne in Frankfurt-Höchst. Hier habe ich auch eine Lehrstelle als Arzthelferin gefunden. Das war gar nicht so schwer, denn hier sind die großen Chemie-Werke, wo viele Türken arbeiten. Der Arzt, wo ich jetzt arbeite, brauchte jemanden, der gut Türkisch und auch Deutsch kann. Ich lerne noch Englisch und Französisch. Mit den Sprachen und mit meiner Ausbildung bekomme ich bestimmt eine gute Arbeitsstelle in der Türkei.

GABI Aber die Umstellung. Nur noch 24 Tage Urlaub im Jahr, und es gab auch noch viele Überstunden abends. Ich habe die Lehre nicht fertig gemacht.

KARL Also, daß ich die Lehre jetzt mache, das ist nicht das, was ich will, was mir Spaß macht. Aber wenn ich das jetzt nicht mache, dann geht gar nichts mehr. Es ist auch so, ich will den Eltern auch nicht dauernd auf der Tasche liegen.

5. Kapitel s.31
Topmodell wird Tischlerin

Der Tischlerlehrling im alten Nicky, dem ich in der Werkstatt bei der Arbeit zuschaue, hat rotblondes Haar, ein wenig nach Art der Punker, unregelmäßig kurz geschnitten. Die graugrünen Augen konzentrieren sich auf das Werkstück, an dem der Lehrling arbeitet, in den schwieligen Händen das Werkzeug....

Dieser Tischlerlehrling ist aber ein Mädchen: Pamela Alexandra Menzell, 21 Jahre alt, früher Alix genannt, heute Pammy. Alix war bis vor einem Jahr ein erfolgreiches, international bekanntes Fotomodell.

Daß sich ein Mädchen auf ein Männerhandwerk vorbereitet, ist nicht mehr so ungewöhnlich. Unter den rund 700 Lehrlingen in den Tischlereien Hamburgs sind fünf Prozent junge Frauen—größtenteils Mädchen, die später eine weitere Ausbildung machen wollen. So auch Pammy: Sie will als Bühnenbildnerin Karriere machen.

Aber kein anderer weiblicher Handwerkslehrling hat den glamourösen Job eines Fotomodells und ein Monatseinkommen von 12.000 amerikanischen Dollar aufgegeben. So viel hat Pammy mehrere Jahre lang Monat für Monat in New York und Paris, auf den Stränden von Puerto Rico und den Bahamas, und in Tokio und Hamburg verdient.

Sie hatte ein schönes Leben. Mit 16 hatte sie angefangen, mit 18 hatte sie schon eine elegante Wohnung in New York. Aber sie mußte so viel reisen, daß sie eines Tages nichts mehr von der Welt sehen wollte, auch nichts von Fotografen! Sie kehrte heim nach Hamburg und gab das Geld aus, das sie verdient hatte. Dann machte sie sich eines Nachts eine Liste der Berufe, die für sie möglich wären; nur einer paßte: Bühnenbildnerin.

Nun arbeitet Pammy täglich von morgens um 8 bis abends um 5 in der Tischlerei. Abends besucht sie die Abendschule.

So gut wie sie in den letzten Jahren gelebt hat, wird sie in Zukunft von ihrer Arbeit nicht leben können. Als Lehrling verdient sie nur 350 Mark im Monat, von ihrem Vater bekommt sie weitere 500. Aber wenn ich sie frage, wie sie die Zukunft sieht, lächelt sie nur....

5

6. Kapitel s.35
Jobben

THOMAS	Mensch, ich bin so müde. Ich gehe heute abend früher schlafen.
ANDREA	Aber ich denke, wir wollten heute abend irgendwohin ausgehen.
THOMAS	Schon. Aber es geht wirklich nicht. Weißt du, ich habe gedacht, wenn ich tagsüber arbeite, da habe ich am Abend reichlich Zeit für mich: Es stimmt nicht. Erstaunlich, wie die Zeit verschwindet, wenn man berufstätig ist—Gott sei Dank mache ich das nur zwei Monate lang.
ANDREA	Ich finde die Arbeit im Büro eigentlich nicht so ermüdend—langweilig schon, aber dann brauche ich abends Spaß, Abwechslung.
MARION	Du, Andrea—ich muß schon sagen, mir geht's auch so wie dem Thomas. Ich bin ganz schön fertig vom Arbeiten. Du sollst es mal sehen abends im Bus, so nach Schichtschluß. Die ganzen Leute sind kaputt. Acht Stunden am Fließband—das kann irrsinnig müde machen.
THOMAS	Stimmt, du! Du mußt am Fließband einfach weitermachen, immer das gleiche.
ANDREA	Deswegen sollt ihr mit in die Stadt. Wir könnten in die Kneipe gehen, was essen.
MARION	Gut—es ist eine schöne Idee, eigentlich hast du recht. Aber wenn ich heimkomme, will ich eine Zeitlang nur meine Ruhe haben. Wie die Leute das schaffen, jahrelang am Fließband zu stehen, das begreife ich nicht.
ANDREA	Das stimmt. Im Büro ist es auch so— besonders wenn ich die Schüler nachmittags draußen im Park sehe. Ich hätte nicht gedacht, die Ferien würden mir so fehlen!
MARION	Gell, Andrea, da gibt's bei der Arbeit nicht so viel Abwechslung?

3. Einheit
7. Kapitel s.39
Mit den Alten auskommen:
Junge Menschen berichten

HEIKE (15)	Mutti beschwert sich manchmal, wenn ich ihr nachmittags nicht helfe. Also, wenn Vati von ihr dann erfährt, ich hätte nicht geholfen, beschimpft er mich, wenn er böse ist. Er sagt, ich wär' zu faul. Dabei setzt er sich doch selber hin, sobald er heimkommt, und wartet auf Bedienung—find' ich gar nicht richtig.
KERSTIN (16)	Nörgeln? Ja, wegen meiner Kleidung. Mein Vater, vor allem. Er findet meine großen Wolljacken gar nicht schön und meint, sie würden so schlampig aussehen. Aber ich mag die Jacken ganz gern, und die tun ja niemandem weh. Also, warum nicht?
PETER (17)	Meckern? Nee, eigentlich selten. Die lassen mich so ziemlich in Ruhe, meine Eltern. Aber manchmal brüllt mich mein Vater an, wenn ich zu spät heimkomme und die Nachtruhe störe. Das verstehe ich schon, aber dabei stört er doch selber die anderen.
CHRISTOPH (16)	Kritisieren? Nee—ich komme mit beiden Eltern ganz gut zurecht. Da kann man wirklich von Glück sprechen. Ich hab' mehrere Freunde, die kriegen oft von den Eltern zu hören, die wären nicht in Ordnung. Aber meine Eltern sind gar nicht so mit mir.

8. Kapitel s.45
Interview mit einem Ausreißer

INTERVIEWER Warum sind Sie weggelaufen?

AUSREIßER Zu Hause war 's für mich unangenehm. Meine Eltern wollten zu viel bestimmen, statt mir zu überlassen, mit wem ich befreundet bin. Mein bester Freund heißt Martin, aber den mögen meine Eltern nicht: Der ist in der Schule schon zweimal sitzengeblieben. Und meine Eltern haben dann gemeint, ich würde meine Hausaufgaben auch nicht mehr richtig machen, weil wir oft unterwegs sind zusammen. Aber das stimmt doch gar nicht. Ich lerne sehr gerne. Nur, das haben mir meine Eltern etwas verdorben, weil sie ständig zu mir ins Zimmer gekommen sind: Ob mit der Schule alles in Ordnung sei, ob ich die Hausaufgaben schon fertig hätte, und so weiter. ... Ich will nicht sagen, die sind gar nicht in Ordnung, aber sie haben nicht verstanden, daß man manchmal allein sein will, daß man einiges allein schaffen kann. Ich muß ja schließlich das eigene Leben aufbauen.

INTERVIEWER Das war sicher nicht der einzige Anlaß zum Weglaufen?

AUSREIßER Nee, stimmt. Die haben so über meine Freundin genörgelt. Da ist letztes Jahr ein Mädchen aus unserer Klasse mit ihrem Freund nach Italien abgehauen, und meine Eltern hatten ständig Angst, das gleiche könnte bei uns auch passieren. Also, letzte Woche haben sie gemeint, ich sollte die Gabi bitte nicht mehr sehen. Ihre Mutter hat auch das gleiche gesagt. Da haben wir gedacht—gut, wenn sie uns noch so viel 'rumbefehlen wollen, dann Schluß damit, wir gehen weg. Dann müssen sie versuchen, uns besser zu verstehen.

INTERVIEWER Macht das Ihren Eltern nicht nur alles schwieriger? Sie könnten Angst haben, Ihnen wäre etwas Schlimmes passiert!

AUSREIßER Ja, daran hatten wir schon gedacht: Wir haben deswegen einen Zettel geschrieben, daß sie keine Sorgen hätten um uns. Ich habe versucht zu erklären, warum ich eine Zeitlang weg wollte, vor allem meinem Vater. Ich kann mit ihm einfach nicht reden: Er reagiert oft so schlecht, wenn ich etwas sagen will. Er meint, ich solle nicht so viel kritisieren, er hätte es auch schwer gehabt, und so weiter. Das weiß ich schon, aber warum will er mir auch viel erschweren vom Erwachsenwerden? Ich hoffe nur, er versteht jetzt besser.

INTERVIEWER Und Ihre Mutter?

AUSREIßER Ja, sie wird wohl verstehen, glaube ich. Manchmal kann sie die Finger nicht weglassen, sie muß sich einmischen. Was sie ja braucht, ist, mehr zu tun: Ich meine, eine bessere Beschäftigung. Sonst ist sie nur den ganzen Tag zu Hause und langweilt sich, dann kommt sie zu mir und regt sich auf. Das konnte ich nicht mehr aushalten.

INTERVIEWER Werden Sie zurückgehen?

AUSREIßER Tja—es kommt darauf an. Zur Zeit wohne ich bei Freunden, das ist auf längere Zeit wohl nicht so gut. Aber ich möchte mit meinen Eltern erst darüber reden, bevor ich zurückgehe. Sie müssen mir einfach mehr Spielraum geben.

9.Kapitel s.49
Ordnung

Die Mädchen und Jungen, die sich auf die Eckbank der leeren Bahnhofshalle setzten, kamen aus einem Jazzkonzert. Ihr Gespräch verstummte rasch. Einer nach dem anderen legten sie den Kopf auf die Schulter ihres Nebenmannes. Der erste Zug fuhr am 4.46 Uhr.

Zwei Transportpolizisten, einen Schäferhund an der Leine, erschienen in der Tür, wandten sich der Bank zu und zupften die Schlafenden am Ärmel. „Entweder Sie setzen sich gerade hin, oder Sie verlassen den Bahnhof, Ordnung muß sein!"

„Wieso Ordnung?" fragte einer der Jugendlichen, nachdem er sich aufgerichtet hatte. „Sie sehen doch, daß jeder seinen Kopf gleich wiedergefunden hat." „Wenn Sie frech werden, verschwinden Sie sofort, verstanden?" Die Polizisten gingen weiter.

Die jungen Leute lehnten sich nach der anderen Seite. Zehn Minuten später kehrte die Streife zurück und verwies sie des Bahnhofs.

Draußen ging ein feiner Regen nieder. Der Zeiger der großen Uhr wippte auf die Eins wie ein Gummiknüppel.

4.Einheit
10.Kapitel s.55
An Ihrer Sicherheit sollten Sie nie sparen

Kaum etwas, an dem Sie heute nicht sparen können.

Sonderangebote helfen Ihnen, hier eine Mark weniger auszugeben, dort auch mal zwei. Wenn Sie neue Haushaltsgeräte brauchen, schauen Sie sich erst mal um, ehe Sie was kaufen. Und kleine Umbau- und Installationsarbeiten im Haus machen Sie oft selber.

Aber man kann auch am falschen Ende sparen: Ist zu Hause bei Ihnen alles sicher? Denn die Unfallstationen unserer Krankenhäuser sind voller Leute, die zu Hause verunglückten!

Zum Glück sind Sie noch nicht von der Leiter heruntergefallen, Sie haben keinen Stromschlag gekriegt, Sie sind mit Haushaltsgeräten immer vorsichtig—bis jetzt ging 's gut: Aber morgen?

Wenn Sie Kinder haben: Ist alles kindersicher? Keine Steckdosen, an die die lieben Kleinen kommen könnten? Und die Kochtöpfe auf dem Herd? Ist da alles geschützt, oder könnten die Kleinen 'was Heißes auf den Kopf herunterziehen? Erstaunlich, wie oft man hört, so was könnte bei uns nicht passieren—und dann passiert 's doch noch!

Daher: Ist es nicht doch besser, daß alles von Fachleuten gemacht wird? Denn es geht nicht nur darum, ob die Geräte sicher sind, oder ob Sie ein paar Mark sparen konnten. Im Haushalt kann es gafährlich sein. Jeder muß für Sicherheit im Haus sorgen; und das wird manchmal was kosten— aber lieber nur Geld, oder?

Für alle Elektro- und Installationsarbeiten: Braun + Co.; Sicherheit im Haushalt ist wichtiger!

11.Kapitel s.59
Tips für Feilscher

Brauchen Sie neue Kleider, neue Möbel, Haushaltsgeräte? Sie möchten bestimmt alles so billig und preisgünstig wie nur möglich kaufen. Dazu müssen Sie versuchen, die Preise herunterzuhandeln. Hier die besten Tips:

1. Es läßt sich um alles handeln, aber es lohnt sich meist erst bei Waren ab 100 Mark.
2. Wer sich das Handeln nicht zutraut, sollte wenigstens den Barzahlungsrabatt von drei Prozent verlangen.
3. Erst wenn sich der Verkäufer richtig ins Verkaufsgespräch gesteigert hat, ist die Frage nach Preisermäßigung angebracht.
4. Kleine Kratzer oder Schrammen sind oft ein willkommener Vorwand für Preisnachlaß.
5. Feilschen am Nachmittag hat bessere Chancen. Da sind die Verkäufer nicht mehr so widerstandsfähig.
6. Käufer haben als Pärchen mehr Erfolg. Während sie ihre Konsumabsicht betont, zögert er mit dem Portemonnaie. Der Verkäufer versucht dann zu vermitteln.
7. Wenn Verkäufer nicht mit sich reden lassen, empfiehlt sich die Frage nach dem Chef oder dem Abteilungsleiter.
8. Verweigert der Händler den Rabatt, etwa beim Kauf eines Anzugs, so sollte wenigstens eine passende Krawatte oder ein entsprechender Gürtel gratis dabei herausspringen.

12.Kapitel s.65
Konsum

ANGELIKA Ich finde, mit dem Konsum treiben wir's zu weit. Schaut einmal die Geschäfte an, wie sie zur Weihnachtszeit überfüllt sind—und beim Winterschlußverkauf erst recht: Totale Hemmungslosigkeit beim Einkaufen! Das könnten wir schon mäßigen, wenn wir nicht so verrückt darauf aus wären, Sachen zu kriegen.

MICHAEL Da müßten aber viele Fabriken dichtmachen, wenn sie ihre Produkte nicht mehr verkaufen könnten. Da gäbe es noch mehr Arbeitslose.

CONNY Aber wenn die Arbeitslosen woanders eine Arbeit finden würden—wie wär's dann?

MARKUS Mich stört dabei vielmehr, daß so viele Verbraucherwaren nichts taugen und nicht lange halten—so Rasierklingen, die schon beim ersten Gebrauch stumpf werden; oder Autos, die rosten, obwohl sie rostfrei gebaut werden könnten.

CONNY Und Einwegflaschen. Wir sollten wieder mehr Pfandflaschen haben.

MICHAEL Und Recycling? Ist euch das kein Begriff?

CONNY Aber solange Verbraucherwaren auf die Art und Weise produziert werden, verschwenden wir Rohstoffe—die gibt's eines Tages nicht mehr.

MICHAEL Aber die alten Autos verschrottet man— das Blech wird wieder verwendet. Und Altglas- und Altpapiercontainer gibt's hier fast an jener Straßenecke! Ohne Konsum gibt's keinen Wohlstand.

ANGELIKA So wohlhabend, wie es die meisten sind oder sein möchten, brauchen wir gar nicht zu sein. Wenn jeder seinen Konsum etwas einschränken würde, hätten wir mehr Geld zur Verfügung...

CONNY ... Oder, noch besser, wir bräuchten von vornherein nicht so lange zu arbeiten. Jeder könnte weniger arbeiten, etwas weniger verdienen: Dafür gäb' es eine Menge freie Stellen!

MICHAEL Wie sollen wir denn weniger kriegen, wenn wir's gewohnt sind, viel zu haben? Das täten die meisten Leute gar nicht akzeptieren, so einen Rückgang des Lebensstandards.

MARKUS Auch nicht, wenn sie es von der Regierung hören würden?

MICHAEL Dann erst recht nicht!

ANGELIKA Machst du dir keine Sorgen darum? Wie wird's denn in Zukunft sein für die heranwachsenden Generationen?...

5. Einheit

13. Kapitel s.69
Im Himalaja

ANGELA   Der Urlaub war einmalig!

BIRGIT   Hat dich daran nichts enttäuscht?

ANGELA   Ich war bloß enttäuscht, nicht doch noch länger da zu bleiben.

BIRGIT   So gut war 's?

ANGELA   Das wär' für die meisten Leute wohl nichts gewesen. Ich meine, was Urlaub betrifft, suchen die meisten Leute Nichtstun und Bequemlichkeit.

BIRGIT   Und in Nepal ist es nicht so?

ANGELA   Ach, in Kathmandu schon—da kann man alles haben, wenn man genug Geld hat. Das wollten wir aber nicht. Wir suchten die Stille des Gebirges.

BIRGIT   Das hat man doch auch in den Alpen—ihr hättet dort eine Wandertour machen können, in den Alpenhütten übernachten. Da sind die Berge auch hoch, da hast du auch diese Stille. Wieso denn erst so weit weg?

ANGELA   Alpenwanderungen hatten wir schon mehrere gemacht. Und die Hütten sind so zivilisiert— da kriegst du auch alles! Wir wollten unbedingt im Februar verreisen, und das Leben in Nepal wollte ich auch mal erleben: Ob es da wirklich so ganz schön wäre wie in den Bildern.

BIRGIT   Und ist es das?

ANGELA   Für die Sonnenhungrigen an der Costa Brava wär 's das letzte! Auf dem Lande ist es hart. Wir haben mal gezeltet, aber nachts war's irre kalt. Sonst haben wir bei Bauern übernachtet—das ist alles, was es gibt.

BIRGIT   Und das Wandern?

ANGELA   Wir waren drei Wochen lang im Annapurna-Gebirge. Manchmal war die Luft so dünn, es ist dir schier schwindlig geworden. Ermüdend war 's, aber unglaublich. Die Bilder müßte ich jetzt jederzeit zurückbekommen. Da siehst du, wie schön es ist...

14. Kapitel s.75
Ferien mit dem Autoreisezug

Die Ferienreise, Variante Nummer eins: Während die Stadt noch schläft, verstauen Sie Koffer und Kinder. Dann fahren Sie los, fahren bis zur nächsten Autobahneinfahrt, dann stehen Sie! Ausgerechnet heute haben Tausende von anderen Autofahrern auch beschlossen, den Urlaub frühmorgens anzufangen: Auf der Autobahn staut sich der Verkehr!... Oder Sie fahren zwar ohne Stauungen weiter; nur: Bei so frühem Auftakt werden Sie bald müde, vor Ihnen liegt noch eine lange Strecke, bis Sie ankommen. Also, weiterfahren; aber aufpassen! Bei so zähflüssigem Verkehr könnte leicht was passieren!

Die Ferienreise, Variante Nummer zwei: Während die Stadt gerade schlafen geht, verstauen Sie Kinder und Koffer. Dann fahren Sie los, aber nur bis zum nächsten Bahnhof, fahren auf die Ladebühne, ziehen die Handbremse an und steigen aus. Von hier an bringt Sie und Ihren Wagen der Autoreisezug ans Ziel. Die Nacht durch können Sie so schön ruhig schlafen, wie Ihre Kinder es hinten im Auto gemacht hätten. Und morgen früh stehen Sie erfrischt am Reiseziel auf. Mit dem Autoreisezug kommt man erfrischt an und hat den Wagen mit im Urlaub, ohne große Strecken zurückzulegen.

Immer mehr Autofahrer gehen auf Nummer Sicher und vertrauen ihren Pkw dem Autoreisezug an, damit der Urlaub gemütlich beginnt. Der Preis einer Familienrückfahrkarte wird zwar mehr betragen als die entsprechenden Benzinkosten; die Vorteile sind aber mehr wert: Man kommt entspannt an; und so fängt der Urlaub sofort an, statt erst 2 bis 3 Tage später.

Wer nicht nur innerhalb der Bundesrepublik mit dem Autoreisezug fahren will, hat auch verschiedene Möglichkeiten: 46 Verladebahnhöfe zwischen Westerland und Rimini. Von Deutschland aus kann man ans Mittelmeer und an die Adria oder an die französische Atlantikküste fahren: Mit dem Auto, ohne die Nachteile des Autofahrens.

15. Kapitel s.79
Lohnt es sich, im Sommer zu verreisen?

CLAUDIA   Wenn ich Urlaub machen will, dann lieber nicht im Sommer. Da scheint doch die ganze Welt mit Kind und Kegel unterwegs zu sein!

SUSANNE   Wieso denn nicht? Da hat man schließlich Zeit und schönes Wetter.

CLAUDIA   Zu Hause doch auch! Da möchte ich lieber die Zeit zu Hause verbringen, mich ausruhen, entspannen.

SUSANNE   Du, da ist das schöne Wetter keineswegs gesichert! Da macht man sich schöne Hoffnungen auf Sommertage—da kommt gerade eine Regenzeit: Ich kenne das schon.

CLAUDIA   Zu Hause kann man dann auch 'was machen: All die Dinge, wozu man normalerweise keine Zeit hat. Übrigens—es gibt auch zu anderen Zeiten schönes Wetter zum Urlaub, meinetwegen zu Ostern, oder zu Pfingsten. Auch dann gibt es viele Urlaubsmöglichkeiten, und meist billiger als im Sommer.

SUSANNE   Nicht doch in Deutschland—gerade zu Ostern nicht!

CLAUDIA   Ja, aber so Orte wie Teneriffa oder Kreta bieten sich reichlich an.

SUSANNE   Da sind zu viele Touristen für meinen Geschmack. Da würde ich nicht damit rechnen, meine Ruhe zu haben.

CLAUDIA   Aber die bleiben meist gerade da, wo die Hotels sind. Obwohl—von Teneriffa muß ich schon sagen, es hat mich enttäuscht.

SUSANNE   Da waren wohl zu viele Touristen, oder?

CLAUDIA   Das nicht. Aber Unterkunft gab es fast ausschließlich in den Touristenhotels. Ich hätte lieber was Privates gehabt, wo ich selbständig hätte sein können. Ohne Vorbuchung findet man so was aber nicht. Kreta wiederum fand ich super. Gerade zu Ostern! Am westlichen Ende der Insel sind nicht so viele Touristenorte, und an den Zeltplätzen ist in der Zeit reichlich Platz. Oder du findest Ferienwohnungen oder Unterkunft in kleinen Pensionen. Du brauchst auf jeden Fall nicht vorzubuchen. Du kannst einfach auf gut Glück hin—es klappt sofort! Zum Strandurlaub und zum Wandern—in den Bergen—ist die Osterzeit geradezu ideal, weil es noch nicht zu heiß ist. Und einen Billigflug nach Athen bekommst du ohne weiteres.

SUSANNE   Gut, gut, ich glaub' 's dir. Aber wenn man zu Ostern nicht so viel Zeit frei hat.

CLAUDIA   Eine Woche bis zehn Tage schaffst du bestimmt, wenn nicht länger.

SUSANNE   Im Sommer sind die Ferien aber länger.

CLAUDIA   Deswegen verreisen gerade dann so viele. Schön, wenn man lange Wartezeiten und Menschenmengen gern hat—an Flughäfen und Bahnhöfen und auf der Straße. Ich bleibe lieber möglichst weit davon—ist doch

der Sinn des Urlaubs, oder? Und zu Hause ist es dann ganz schön ruhig, weil die meisten Leute verreist sind!

11

6. Einheit
16. Kapitel s.83
Mitfahrzentralen

SPRECHER   Wer fahren oder verreisen wollte aber Bahn, Bus, Flug oder Auto nicht bezahlen konnte, mußte früher trampen. Das war und ist aber für viele Leute zu unsicher. Mitfahrzentralen sind für sie die Alternative; für Ulrich, zum Beispiel...

ULRICH   Ich studiere gerade in Berlin, aber meine Freundin wohnt in Stuttgart. Eine Bahnfahrt dahin könnte ich mir nicht alle paar Wochen leisten, das kostet weit über 200 Mark. Was ich mache? Ich buche meine Fahrt über eine Mitfahrzentrale und fahre in einem fremden Wagen mit. Das funktioniert so: Ich rufe so mittwochs bei einer Mitfahrzentrale an und frage, ob sie mir eine Fahrt nach Stuttgart vermitteln können. Meine Freundin organisiert für mich in Stuttgart die Rückfahrt.

SPRECHER   Rund hundert Mitfahrzentralen in fast allen Großstädten der Bundesrepublik vermitteln jährlich über zwei Millionen Fahrten. Fred Danckert ist Inhaber einer Mitfahrzentrale in Berlin:

HERR DANCKERT   Autofahrer rufen bei uns in der Mitfahrzentrale an und nennen uns Reiseziel, Abfahrtszeit und Wagentyp sowie auch Adresse und Telefonnummer. Wir können dann soundso viele Plätze im Wagen an Mitfahrer vermitteln. Auch alte Leute nutzen diese Möglichkeit aus und fahren zum Mindestpreis zu Freunden und Verwandten. Für eine kleine Vermittlungsgebühr von höchstens 20 Mark—je nach Entfernung— bekommen Mitfahrer Telefonnummer, Adresse und Wagentyp des Fahrers. Die Gebühren sind mein Verdienst. Der Fahrer bekommt dann von Mitfahrern Benzingeld—aber nicht über 6 Pfennig pro Kilometer.

SPRECHER   Meist kommt der Mitfahrer aber viel billiger weg. Für Fahrten in einem Kleinwagen, und wenn vielleicht andere mitfahren, genügt oft ein Pfennig pro Kilometer. Besonders unterhaltsame Fahrgäste fahren häufig sogar zum Nulltarif und werden bis vor die Haustür chauffiert. Ansonsten trifft und verabschiedet man sich normalerweise an einer Haltestelle oder einem Parkplatz.

17. Kapitel s.89
Todes-Knick

Die Todesziffern auf bundesdeutschen Straßen steigen wieder. Bisher sanken sie ständig. Bei 11 500 Verkehrstoten waren wir 1982 schon zufrieden, denn im Jahr 1970 lag der Blutrekord bei über 19 000 getöteten Menschen. Die Elfeinhalbtausend des Jahres 1982 brachte aber keine Geschwindigkeitsbegrenzung.

Jetzt gibt es einen Knick in der Kurve. Die Todeszahl geht wieder nach oben. Die Statistik kündet kalt an, daß im Jahre 1983 über 13 000 Menschen im Straßenverkehr umgekommen sind. Neue schnelle Autos, superstarke Motorräder, hohe Zahlen junger Fahranfänger, Übermut und Aggressivität auf Straße und Autobahn—das sind die Ingredienzen des Todes.

18.Kapitel s.93
Trunkenheit am Steuer

ANDREAS Weißt du—das passiert nicht nur auf den Landstraßen, diese Raserei. Mitten in der Stadt und in den Wohnvierteln rasen sie, diese Betrunkenen!

BÄRBEL Du—das sind nicht nur Betrunkene: Da rasen auch viele, die nichts getrunken haben; und die meisten anderen sind auch nicht völlig blau!

ANDREAS Das weiß ich. Aber angetrunken sind sie schon—da wird die Fahrtüchtigkeit schnell beeinträchtigt. Sie haben aber keine Angst, daß sie erwischt werden—sie denken gar nicht daran.

CONNY Aber man glaubt noch alles richtig zu beherrschen!

ANDREAS Abends habe ich Angst auf der Straße, wenn ich mit dem Rad bin: Falls ich angefahren werde.

BÄRBEL Ich fand's so furchtbar, wie letztens nach dem Unfall auf der Bornheimer Straße der Fahrer abgehauen ist. Der war an der falschen Seite der Verkehrsinsel vorbeigefahren.

CONNY Das kommt oft vor—es kracht, da folgt die Ernüchterung, der Fahrer hat eine Panik, und... Fahrerflucht!

ANDREAS Ja, Führerscheinentzug macht Angst!

BÄRBEL Aber wenn du meinetwegen ein Kind überfahren hast, vielleicht getötet?

CONNY Ich finde, wir brauchen härtere Strafen—Führerscheinentzug auf Lebenszeit, zum Beispiel, und vielleicht große Freiheitsstrafen zusätzlich. Das muß doch sein, um andere zu mahnen, was passiert, wenn sie durch ihre Idiotie das Leben von anderen gefährden.

ANDREAS Viele Sünder kommen zu leicht davon! Die Polizei sollte mit Blutproben konsequenter sein. Und die Promillegrenze ist zu hoch. Bei 0,8 ist die Sehschärfe beeinträchtigt, und man reagiert viel langsamer. Das sollte höchstens bei 0,4 liegen. Die meisten Alkohol-Sünder haben nicht genug Angst vor dem Alkohol-Test. Nur diese Angst kann Leben retten.

7.Einheit
19.Kapitel s.101
Opfer eines Raubüberfalls

ANSAGERIN Frau Busche hat Angst, alleine auf die Straße zu gehen; sie traut sich nicht: Seitdem sie als Opfer eines Raubüberfalls ihre Handtasche verlor und verletzt ins Krankenhaus geliefert werden mußte.

Sie wurde von hinten von zwei jungen Männern geschlagen, die als Beute die Tasche mitsamt Inhalt mitnahmen. Frau Busche hatte gerade Geld von ihrem Bankkonto abgehoben und erlitt beim Überfall einen derartigen Schock, als sie angegriffen wurde, daß sie nicht einmal weiß, wie die beiden Täter aussahen. Der Krankenhausaufenthalt dauerte zwar nicht lange, die Reaktionen allerdings viel länger.

FRAU BUSCHE Zum Glück leben im Haus genug liebe Menschen, die mich beim Einkaufen haben begleiten können. Aber ich mag nicht auf die Art und Weise auf die Nachbarn angewiesen sein. Ich konnte immer alles selbständig machen. Ich brauche aber noch eine Begleitung, wissen Sie?

NACHBARIN Wenn ich mit Frau Busche einkaufen gehe und wir an so jungen Männern vorbeigehen, wird sie ganz zitterig—ob gerade sie es sein könnten, die sie überfielen? Der Überfall war sicher mehrere Wochen her, aber die Frau ist so verunsichert und ängstlich, falls es noch 'mal passieren könnte.

FRAU BUSCHE Wissen Sie, junge Frau, das war doch immer so eine friedliche und freundliche Nachbarschaft. Die meisten Leute kannten sich gut, und jeder wußte, auf die anderen war Verlaß. Nun aber haben andere alte Leute Angst; auch ihnen könnte so etwas zustoßen.

ANSAGERIN Und sie könnten sich dabei nicht gut wehren...

NACHBARIN Das ist es! Früher konnten sie den Ruhestand genießen. Jetzt sind sie gerade in ihrem Lebensabend zu Gefangenen geworden. Sie sollten nicht auf den Schutz von anderen angewiesen sein—so 'was nennt sich nicht Leben!

20.Kapitel s.107
Streifenwagen

ANSAGERIN	Nachts, 12.30 Uhr, es regnet. Zwei Polizeibeamte sitzen im Streifenwagen. Sie sind seit 9 Uhr im Dienst, und haben schon einen ziemlichen Abend hinter sich: Vier Notmeldungen wurden durchgesagt, vier Zwischenfälle, die sie ermitteln mußten: —Ein Einbruchdiebstahl im Wohnblock. —Ein Motorrad wurde vor einem Haus gestohlen, wo junge Leute ziemlich laut eine Party feierten. —Eine Schlägerei auf offener Straße zwischen Eheleuten, die sich dazuvor gestritten hatten: Da mischt sich die Polizei ungerne ein! —Ein Einbruch in ein Lagerhaus—niemand wurde gefaßt. Plötzlich kommt über das Funkgerät wieder eine Meldung...
STIMME	Achtung, Achtung. Wagen 6022, bitte melden.
POLIZIST	Wagen 6022 meldet. Bitte kommen.
STIMME	Sind Sie noch im 4. Revier?
POLIZIST	Wir sind völlig am anderen Ende der Stadt, direkt am Autobahnzubringer.
STIMME	Bitte sofort ins 4. Revier, Ecke Luisenplatz und Mayerstraße!
POLIZIST	Ist noch ein Einbruch?
STIMME	Ein Krawall an der Straßenecke vor einer Kneipe.
POLIZIST	Verletzte?
STIMME	Ein schwer Verletzter—der Krankenwagen ist schon bestellt, kommt aber erst in 15 Minuten.
POLIZIST	Was ist los mit dem Mann?
STIMME	Anscheinend blutet er von einer Kopfwunde.
POLIZIST	Ob ihm jemand eine geschmiert hat?
STIMME	Wohl schon!
POLIZIST	Sind noch andere dabei?
STIMME	Eine hysterische Frau, eine Menge andere Leute. Die Kneipe soll um 12.00 Uhr dichtmachen, weil es Wohngebiet ist. Die Tür zur Kneipe ist kaputt—Glasscherben überall. Die Einwohner beschweren sich oft: Draußen vor der Kneipe gebe es angeblich mindestens einmal in der Woche Schlägereien oder Unruhe, wenn die Betrunkenen da herauskommen—oft nach ein Uhr.
POLIZIST	Wir sind in schätzungsweise drei Minuten da....

21.Kapitel s.111
Stadtkrawalle

ALTER MANN	Erst waren es die Fußballfans, die hier Unruhe stifteten. Jetzt weiß ich nicht, was diese Leute wollen. Ich weiß nur, wie das uns betrifft. Hunderte von jungen Rowdys, die in der Gegend Fenster einschlugen. Bei uns im Haus gingen unten drei Fenster kaputt, die mußten wir neu verglasen lassen. Ja, gut, die Versicherung zahlt, aber das ist ein Ärger. Ich habe auch gesehen, wie sie einen Polizeiwagen umkippten und in Brand steckten, um eine Barrikade zu bauen. Dann haben sie die Polizisten mit Steinen beworfen. Den Anfang habe ich nicht gesehen—erst als die Fenster unten kaputtgingen, habe ich von oben alles angeschaut. Die Polizisten hatten Knüppel, und ich muß schon sagen, sie haben ziemlich auf die Jugendlichen losgedroschen, aber wen wundert es bei solchen Ereignissen? Die Polizisten sind überlastet. Als sie dann Tränengas warfen, habe ich das Fenster oben wieder zugemacht.
1. STUDENTIN	1981 war ich zufällig in Liverpool, als es zu den Krawallen in Toxteth kam. Es war schwer, ganz durchzublicken, aber die Einwohner schienen, eine irre Wut zu haben—hohe Arbeitslosenzahl, verkommene Häuser. Und die Schwarzen meinten, sie würden von der Polizei ständig anders behandelt als Weiße, die im Stadtteil lebten. Was den ersten Krawall ausgelöst hat? Das weiß ich nicht, aber der ganze aufgestaute Frust kam in der Gewalttätigkeit zum Ausdruck; einen solchen Haß habe ich sonst nie gespürt. Überall Randalieren, brennende Autos, Häuser wurden in Brand gesteckt, Läden ausgeraubt, und als die Polizei versuchte anzurücken, mußte sie sich gegen weitere Angriffe wehren. Der Anblick einiger Straßen tags darauf war furchterregend—wie nach einem Bombenangriff!

22.Kapitel s.115
Rausch und Elend einer Drogensüchtigen

2. STUDENTIN   Was mich so geschockt hat, das waren nicht die Krawalle, wenn sie auch so fürchterlich waren. Das habe ich früher auch in New York erlebt. Nein, die Plündereien, die waren es. Ich dachte, die jungen Leute wollten gegen die Aussichtslosigkeit der Zukunft protestieren— und zwar friedlich. Dann kam es zu Handgemengen mit der Polizei—und Schaufenster wurden eingeschlagen— aber nicht nur aus Wut: Das könnte ich eher verstehen, wenn es auch blöd ist! Aber da waren so richtige Bösewichte, die nutzten die Unruhen aus, um zu stehlen...

Er wurde richtig wütend. Er sagte: „Das machst du nicht. Du hast keine Ahnung, was du tust. Wenn du das machst, bist du in kurzer Zeit genau da, wo ich jetzt bin. Dann bist du nämlich eine Leiche.'' Mich machte sein Gestammel nur trotzig. „Ich werde doch nicht abhängig wie du'', sagte ich. „Ich habe mich total unter Kontrolle. Ich probiere das mal, und dann ist Schluß.''...

Ich sog das Pulver durch die Nase ein. Alles, was ich spürte, war ein beißend bitterer Geschmack. Fast hätte ich mich übergeben müssen. Dann kam es aber unheimlich schnell. Meine Glieder wurden wahnsinnig schwer und waren gleichzeitig ganz leicht. Ich war irrsinnig müde, und das war ein unheimlich geiles Gefühl. Ich fühlte mich so toll wie noch nie. Das war am 18. April 1976, einen Monat vor meinem 14. Geburtstag. Ich werde das Datum nie vergessen...

Meine Mutter sah den frischen Einstich am Arm sofort. Sie nahm meine Plastiktüte und kippte alles, was drin war, aufs Bett. Das Spritzbesteck fiel raus, Tabakkrümel und ein ganzer Haufen Stanniolpapier-Blättchen. In dem Stanniolpapier war H dringewesen...Sie hatte mittlerweile in der Presse schon allerhand über Heroin gelesen und konnte sich einen Reim auf alles machen...Sie sagte nichts mehr. Sie zitterte. Sie war total geschockt...Als sie dann sagte, wir sollten sofort mit der Entziehung anfangen, sagte ich: „Ohne Detlef läuft nichts ab.'' Jetzt war sie völlig fertig. Sie war ganz grün im Gesicht, und ich dachte, sie würde einen Nervenzusammenbruch kriegen. Das mit Detlef hatte sie noch einmal geschockt. Sie war wohl geschockt von ihrer eigenen Ahnungslosigkeit in den vergangenen zwei Jahren...

Ich blätterte in der Berliner Zeitung herum. Es stand ganz vorne. Eine richtige Schlagzeile: „SIE WAR ERST 14''. Ich wußte es sofort. Ich brauchte gar nicht weiter zu lesen. Babsi. Ich hatte es schon geahnt. Es war, als stünde da mein Tod in der Zeitung. Später las ich den Sensationsbericht: „Die Einwegspritze steckte noch in der Vene der linken Hand. Babette D. (14) war tot ... das jüngste Rauschgiftopfer ... Babette ist das 46. Rauschgiftopfer in Berlin in diesem Jahr.''

23. Kapitel s.121
Sport bis zur Geburt
(Ein Interview mit Dr. Karin Emmer)

FRAGE Bewegung ist gesund—auch für eine schwangere Frau?

EMMER Ja, die Frauen sollen sich bewegen, solange es ihnen Spaß macht und sie sich nicht überanstrengen. Spaziergänge bis zu sechs Kilometern, Schwimmen, Radfahren, Joga, Gymnastik—pauschal gesagt: Schwangere können fast jede Sportart, die sie gewohnt sind, betreiben. Nur den Leistungssport sollten sie für die Zeit der Schwangerschaft vergessen.

FRAGE Welche Sportart ist für die Frau und das ungeborene Kind eventuell riskant?

EMMER Alle Bewegungen wie Hüpfen, Springen, also Hoch- und Weitsprung. Jeder körperliche Aufprall könnte eine Fehl- oder Frühgeburt auslösen. Tennis, Reiten, Skifahren über buckliges Gelände, Geräteturnen müssen natürlich nicht aber können Blutungen auslösen und die Schwangerschaft beenden.

FRAGE Eine schwangere Frau sollte also weder eine harte noch eine für sie neue Sportart wählen?

EMMER Richtig. Denn wer als werdende Mutter zum erstenmal auf Skiern steht und einen sanften Hügel runterrutscht, ist natürlich unsicher und muß damit rechnen hinzufallen. Eine geübte Skifahrerin hingegen kann problemlos stundenlang Skilanglauf betreiben oder sich eine gefahrenfreie Piste aussuchen. Genauso ist es mit dem Radfahren. Eine trainierte Frau darf bis kurz vor der Entbindung aufs Rad steigen. Viele verzichten allerdings in den letzten Schwangerschaftswochen darauf, da sie ihr Gleichgewicht beim Radfahren verlieren. Schwimmen hingegen ist gut für die werdenden Mütter. Im Wasser können sie sich trotz dicken Bauchs ganz frei bewegen. Außerdem werden alle Muskeln trainiert—auch dies ist eine gute Vorbereitung für die Geburt. Langanhaltendes Tauchen ist tabu, da der Unterdruck zu Sauerstoffmangel fürs Kind führt.

24. Kapitel s.125
Gespräch mit einer Rollstuhlfahrerin

INTERVIEWER Auf Menschen, die sich anders als auf ihren eigenen Beinen durchs Leben bewegen müssen, ist ja wohl unsere Umwelt in keiner Weise eingerichtet. Die Probleme fangen sicher schon im engsten häuslichen Bereich an, nicht wahr?

FRAU SONDERMANN Ja, mit Sicherheit. Wir sind erst vor etwa einem halben Jahr hierher in diese Wohnung umgezogen, und nun hab' ich hier die Möglichkeit, ebenerdig zu leben, das heißt also mit dem Rollstuhl gleich in den Garten zu können und vom Garten auf die Straße, während ich vorher in einem Haus zwar mit Aufzug wohnte, aber zum Aufzug gab's auch noch mal sieben Stufen, und dann nützt also der Aufzug praktisch auch schon nichts mehr, und eigentlich sind die größten Probleme eines Rollstuhlfahrers immer die Treppen.

INTERVIEWER Und wenn man den häuslichen Bereich verläßt, was kommt dann so auf einen zu?

FRAU SONDERMANN Ja, dann kommen wieder in erster Linie, würde ich sagen, unüberwindliche Hindernisse in Form von Bordsteinen und Treppen zu Gebäuden, in die man gehen möchte, in Geschäfte, zu Amtsgebäuden und so weiter, für mich jedenfalls sind das die hauptsächlichen Schwierigkeiten. Mit Menschen hab' ich keine Schwierigkeiten.

INTERVIEWER Wie ist es mit den öffentlichen Verkehrsmitteln?

FRAU SONDERMANN Ja, die sind für mich völlig unzugänglich, und ich habe also schon seit zwölf Jahren mindestens keinen Bus und keine Straßenbahn und auch keinen Zug der Deutschen Bundesbahn mehr besteigen können.

INTERVIEWER Und was tut man, wenn man zum Beispiel eine Behörde aufsuchen muß, die sich in einem Hochhaus befindet?

FRAU SONDERMANN Ja, da gibt es nun verschiedene Möglichkeiten. Eine Möglichkeit ist, daß man versucht, mit Freunden oder aber mit Helfern aus der Familie hinzugehen, sich hintragen zu lassen, oder aber man macht das Amt, das man sprechen möchte, auf die jeweiligen Schwierigkeiten aufmerksam, und wenn man Glück hat, schickt das Amt einen Vertreter ins Haus.

INTERVIEWER Und welche Möglichkeiten haben Sie, die Öffentlichkeit überhaupt auf Ihre Probleme aufmerksam zu machen?

FRAU Ja, da hat man nun in der letzten Zeit

SONDERMANN

Gott sei Dank einige Möglichkeiten gefunden, indem nämlich die Behinderten überhaupt an die Öffentlichkeit gehen, während sie ja vorher leider sich versteckt hielten; man demonstriert sogar; und es hat hier in Bonn jetzt gerade am vergangenen Wochenende eine solche Demonstration gegeben, die sehr erfreulich verlaufen ist und die auch wohl ein gutes Echo in der Öffentlichkeit gefunden hat. Es sind doch einige Leute aufmerksam geworden und nachdenklich darüber und haben sich sogar selbst in den Rollstuhl gesetzt, um mal zu versuchen, wie es ist, wenn man nur vor einer Bordsteinkante steht und die Straße überqueren will.

INTERVIEWER

Gibt es aber auch schon Beispiele, wo man etwas in die Tat umgesetzt hat?

FRAU SONDERMANN

Man hat schon einiges in die Tat umgesetzt. Es gibt schon eine sogenannte Wohngemeinschaft für Behinderte in Deutschland, aber es ist alles noch nicht genug, und vor allen Dingen gibt es viele bessere Beispiele: In Holland hab' ich also eine Wohngemeinschaft, eine kleine Wohnsiedlung sozusagen, in der Nähe von Arnheim gesehen. Man könnte das zwar auch als Getto bezeichnen, aber für sehr viele Schwerstbehinderte ist das eine optimale Lösung. Es leben da zwar nur Behinderte unter sich zusammen, aber diese Behinderten können unabhängig leben. Es gibt in Holland noch ein Wohndorf, eine Wohnfarm, wo man eine neue Lebensform mit Behinderten praktiziert, ziemlich naturnah, und man versucht, Behinderte selbst wieder zu aktivieren, kreativ werden zu lassen. Dann gibt es verschiedene Begegnungszentren, die behindertengerecht, rollstuhlgerecht, ganz und gar eingerichtet sind.

INTERVIEWER

Frau Sondermann, fühlt man sich im Rollstuhl zuweilen diskriminiert?

FRAU SONDERMANN

Ja, wenn man eben die geringsten Kleinigkeiten nicht durchführen kann, zu denen man glaubt, ein Recht zu haben. Wenn man einkaufen möchte oder wenn man irgendwohin gehen möchte oder wenn man, ja, wenn man ins Theater möchte, beispielsweise, oder ins Kino, dazu bedarf es für einen gesunden Menschen nur eines persönlichen Entschlusses, und man muß etwas Zeit haben. Aber auf den Rollstuhlfahrer kommen dann doch noch unüberwindliche Probleme dazu, die er dann einfach nicht überwinden kann, und das, find' ich, ist schon eine Diskriminierung.

9.Einheit
25.Kapitel s.131
In der Gropiusstadt (2)

Nach unserem Umzug in die Gropiusstadt langweilte mich der Spielplatz aus Beton und Sand mit der kleinen Blechrutsche, denn auf dem Lande hatte es viel mehr zu tun und viel mehr Spielraum gegeben. Da fand ich dann doch noch etwas Interessantes: Die Gullys im Beton, durch die das Regenwasser abfließen sollte. Damals konnte man das Gitter über dem Abfluß noch abheben: Später machten sie es dann fest. Ich hob also das Gitter ab und warf mit meiner Schwester allen möglichen Mist in den Gully. Dann kam der Hauswart, griff uns und zerrte uns in das Büro der Hausverwaltung. Da mußten wir beide, sechs und fünf Jahre alt, unsere Personalien angeben: So gut wir das schon konnten. Meine Eltern wurden benachrichtigt, und mein Vater hatte einen guten Grund zum Prügeln. Ich begriff noch nicht so ganz, warum das so schlimm war, den Abfluß zu verstopfen: In unserem Dorf hatten wir am Bach auch andere Sachen gemacht, ohne daß je ein Erwachsener gemeckert hätte. Ich begriff aber so ungefähr, daß man in Gropiusstadt nur spielen durfte, was von den Erwachsenen vorgesehen war: Also rutschen und im Sand buddeln: und daß es gefährlich war, eigene Ideen beim Spielen zu haben.

26.Kapitel s.133
„Was aus den Mauerspringern wurde"

An dem Tag, an dem sie Marlon Brando in „Queimada" sehen wollten, wurden sie von einer Westberliner Streife beim Grenzübertritt beobachtet. Noch am selben Tag paßte ein Journalist die drei am Kinoausgang ab und machte sie mit Curry-Wurst und Whisky gesprächig.

Der Artikel dieses Journalisten brachte den Staatssicherheitsdienst der DDR auf die Spur der drei Kinogänger. Die beiden Willy wurden von der Schulbank weg verhaftet und wegen wiederholter Verletzung des Paßgesetzes und illegalen Grenzübertritts vor Gericht gestellt. Seinen Antrag auf Freispruch begründete der Verteidiger mit der unzweifelhaften Staatstreue der beiden: Schließlich hätten sie zwölfmal die Möglichkeit zum Verlassen der DDR gehabt und nicht wahrgenommen. Dem Antrag wurde nicht stattgegeben. Der ältere Willy wurde von der Schule genommen und in die Armee gesteckt, der jüngere in einen Jugendwerkhof geschickt.

Den inzwischen achtzehnjährigen Lutz bewahrte seine Kinosucht davor, im Gefängnis zu büßen. Am Abend des letzten gemeinsamen Kinoausflugs war Lutz rechtzeitig zum Prenzlauer Berg zurückgekehrt, um in seinem dortigen Stammkino die Abendvorstellung von „High Noon" nicht zu verpassen. Nachdem er eine Viertelstunde in der Schlange vor der Kasse gestanden hatte, teilte der Vorführer mit, daß die Vorstellung ausfalle, der Film sei gerissen. In diesem Augenblick fühlte Lutz ganz deutlich, daß auch bei ihm etwas riß.

Er trat den Motor an, raste in überhöhtem Tempo die ganze Strecke zurück zur Mauer und hastete im Dunkeln in den Westen, um wenigstens noch die Spätvorstellung von „Weites Land" zu erreichen. Es war Lutzens letzter Transit. Er wurde im Westen, was er im Osten immer schon hatte werden wollen: Förster.

27.Kapitel s.138
Neu-Perlach

1. FRAU	In Neu-Perlach wohnen Sie? Wenn ich da mit der S-Bahn vorbeifahre, bin ich froh, daß ich da nicht wohne. Da würde ich mich so isoliert fühlen in so einem Wohnsilo.
2. FRAU	Also, ich jedenfalls war froh, eine Wohnung in Neu-Perlach zu finden. Nachdem ich von der neuen Wohnungsnot in München gelesen hatte, habe ich mich gefragt, ob ich vielleicht doch nicht hierher ziehen sollte. In der Stadt waren keine Wohnungen zu haben. Dann habe ich das Inserat in der Süddeutschen gesehen; es ging so ruckzuck, und schon saß ich in der Wohnung.
1. FRAU	Finden Sie die Gegend nicht trostlos, steril? Ich meine, die Hochhäuser sind so stillos.
2. FRAU	Ach, der Stil interessiert mich nicht. Schön für die, die es sich leisten können, im stilvollen Altbau zu leben. Für mich ist es wichtiger, eine Wohnung zu haben, die nicht so teuer ist. Und innen drin kann man es sich schon gemütlich machen. Draußen ist es sicher nicht schön, das gebe ich zu, aber was soll's? Mit den Verbindungen in die Stadt geht's so einfach, U-Bahnstation direkt vor der Haustür, und so. Das hat nicht jeder in den Altbauvierteln.
1. FRAU	Das hat auch nicht jeder in Neu-Perlach. Wenn man nicht so günstig lebt, da hat man einen längeren Weg zur Bushaltestelle. Da gibt's bestimmt welche, die es dort nicht so gut finden.
2. FRAU	Schon. Aber wo hätten die Leute sonst gelebt, wenn sie hier keine Wohnung gefunden hätten? Kritisieren kann man schon, aber alle müssen irgendwo leben!
1. FRAU	In solchen Hochhäusern aber nicht unbedingt. Wie ist es, zum Beispiel, wenn eine Familie im 10. Stock wohnt und Kinder hat? Wie sollen die Kinder in der Enge der Wohnung genug Platz zum Spielen finden? Sie brauchen doch frische Luft. Da können die Eltern aber nicht auf sie aufpassen.
2. FRAU	Doch—da müssen sie mit hinaus! Aber ich gebe Ihnen recht—für Familien mit Kindern sind Hochhäuser nichts. Die sollten lieber in den kleineren Reihenhäusern leben.

10.Einheit
28.Kapitel s.149
„Jetzt heißt es: Sparen, sparen, sparen"
(Ein Stern-Interview mit dem EG-Kommissar Guido Brunner)

STERN	Herr Brunner, Experten befürchten eine neue Energiekrise. Wann gehen in Europa die Lichter aus?
BRUNNER	So bald überhaupt nicht. Allerdings müssen wir von der Abhängigkeit von Ölimporten wegkommen. Denn die Zeit des Schwimmens im Öl ist endgültig vorbei …. Jetzt heißt es: Sparen, sparen, sparen.
STERN	Wieviel Energie müssen die EG-Länder einsparen?
BRUNNER	Viel mehr. Unser Ziel heißt: 20 Prozent weniger Energieverbrauch in den nächsten zehn Jahren.
STERN	Und wie kann das erreicht werden?
BRUNNER	Wenn wir verstärkt öffentliches Bewußtsein für Energiesparen wecken, können wir schon ein Prozent Strom, Benzin und Heizöl einsparen. Durch das Umstellen der Kraftwerke von Öl auf Kohle können fünf bis zehn Prozent weniger Heizöl verfeuert werden. Durch Straffung und Streichung unnötiger Fahrten im öffentlichen Dienst läßt sich der gesamte öffentliche Energieverbrauch um fünf bis sieben Prozent senken. Das entspricht ungefähr einem Prozent unseres gesamten Verbrauchs. Geschwindigkeitsbegrenzungen in den Ländern, die sie noch nicht haben, führen zu einem drastischen Rückgang des Benzinverbrauchs. Der Verzicht auf unrentable Flüge würde fünf Prozent Kraftstoff sparen.
STERN	Haben wir aus der Ölkrise der siebziger Jahre genügend gelernt?
BRUNNER	Man hat seither nicht genug Energie gespart. Und man hat die Abhängigkeit vom Öl nicht energisch genug verringert. Sie ist nur von 60 auf 55 Prozent gedrückt worden.

29.Kapitel s.151
Die USA im Jahre 2001

Da sind wir also im Jahr 2001. Wie sieht Amerika aus?

Man kann sich heute, im Jahr 2001, kaum mehr vorstellen, wie verschwenderisch die Amerikaner noch vor zwanzig Jahren mit ihrer Energie umgegangen sind. Aber in den späten 80er Jahren erkannten sie endlich, daß sie ihren Lebensstandard auch mit erheblich weniger Energie aufrechterhalten konnten. Doch die Erkenntnis fiel ihnen nicht leicht.

Die Amerikaner sind zwar jetzt noch nicht aus ihrer Energiekrise heraus, aber das Ende ist in Sicht. Sie haben neue Energiequellen erschlossen, die noch vor zwanzig Jahren als exotisch galten:

—Im gewitterreichen Mittelwesten der USA sind zweihundert Meter hohe Türme errichtet worden, um die gewaltige Energie der Blitze anzuzapfen.

—Vor den Küsten sind Turbinen mit einer Breite von 100 Metern installiert, die Energie aus den Wellen gewinnen.

—Aus dem Dung der riesigen Tierherden des Landes und der Hühnerzuchtbetriebe wird Methangas gewonnen, das einigen unserer größten Stadte Energie liefert.

—An Hunderten von Stellen wird die Erdwärme angezapft. Dazu werden zwei schräge Löcher in die Erde gebohrt, die sich in 7000 Meter Tiefe treffen, wo die Temperatur ständig 330 Grad Celsius beträgt. Wasser aus Flüssen wird in eines dieser Bohrlöcher geleitet und kommt am anderen Ende als energieerzeugender Dampf wieder hervor.

—Zur Überbrückung der Energiekrise bauen die USA heute vor allem Steinkohle ab, die an Ort und Stelle in Gas und Öl umgewandelt wird. Frühere Befürchtungen, daß dies zu einer massiven Umweltverschmutzung führen würde, haben sich nicht bewahrheitet, weil die Kohle bei der Umwandlung von Schwefel und anderen Giftstoffen gereinigt wird.

aus ,,Schöne neue Welt?'' von Vance Packard,
STERN 44/1980

30.Kapitel s.156
Mit dem Fahrrad gegen den Strom
(Ein Atomkraft-Gegner erzeugt seine eigene Elektrizität)

Wenn die Glühbirnen flackern, schwingt sich Heinrich Schwab in den Sattel und tritt in die Pedale. Nach einer halben Stunde steigt er keuchend doch zufrieden ab. Denn er weiß: Auch morgen gehen in seiner Heidelberger Drei-Zimmer-Wohnung die Lichter nicht aus. Der Student der Theologie erzeugt seit Ende September seinen eigenen Strom.

Ein Fahrrad vom Schrottplatz ist sein Elektrizitätswerk. Das hat er in der Wohnung aufgebockt. Auf den Gepäckträger hat er eine Auto-Lichtmaschine geschraubt. Die treibt er übers Hinterrad an. Den Strom, den er so zusammentrampelt, speichert er in fünf Autobatterien. ,,Der Saft reicht für die Beleuchtung.'' Sie ist nicht eben grell. Schwab bescheidet sich mit 15-Watt-Birnen. Der Strom reicht auch für die elektrische Schreibmaschine seiner Freundin Helga.

Beide sind keine Spinner, sondern Stromboykotteure. Seit zwei Jahren haben sie aus Protest gegen Atomstrom zehn Prozent ihrer Elektrizitätsrechnung auf ein Sperrkonto gezahlt. Das haben viele Kernkraftgegner in der Bundesrepublik getan. Doch alle anderen gaben auf, als ihnen die E-Werke den Strom sperrten. Im September wurde es bei Heinrich und Helga zappenduster. Doch nur für ein paar Tage. Dann arbeitete ihr eigenes E-Werk.

,,Am Anfang ging 's ganz schön in die Beine. Aber wir haben uns damit getröstet, daß es gesund ist'', sagt Heinrich. Er und seine Freundin treten inzwischen wie die besten Radfahrer. Sie möchten nun eine größere Übersetzung einbauen; dann reicht eine Viertelstunde Strampeln am Tag. Große Energieansprüche dürfen sie allerdings nicht stellen. Licht und Schreibmaschine, das ist im Moment alles. Kühlschrank und Fernseher gibt es nicht. Geheizt wird mit Holz und Kohle. Schwierigkeiten macht die Waschmaschine: Das geht prinzipiell, aber mit dem Tretkraftwerk muß man für einmal Waschen ganz schön was tun! Nach zehn Minuten kräftig in die Pedale treten hat es für einmal Feinwäsche gereicht!

11.Einheit
31.Kapitel s.163
Saurer Regen und giftiger Staub über Deutschland

1 Die Tannen welken und gehen kaputt. „Es geht um die Tanne so", sagt ein Münchner Forstbotaniker, „daß einem die Augen tränen." Auch in Waldstrichen, wo Chemiegifte streng untersagt sind, sieht man die Schäden an gebräunten Wipfeln und ausgedörrten Ästen, Bäumen oder mal gar ganzen Strichen. Ob in Ostbayern oder Ostfriesland sind Waldstriche stärker denn je zuvor von Schaden und Seuchen betroffen. Woher kommt diese „neue Zeitbombe"? „Da liegt etwas in der Luft", meinte eine Waldbesitzerin aus Nordbayern. Allerdings! Und es kommt hernieder: Säureregen.

2 Die heutigen Niederschläge tragen zwar noch den Namen Regen, haben aber mit dem Regen vorindustrieller Zeiten nur den Namen gemeinsam. Nicht Wasser nämlich sondern verdünnte chemische Säuren gehen hernieder, die aggressiv genug sind, selbst Marmor, Stein und Eisen zu zerfressen. So ist der Kölner Dom in den vergangen 30 Jahren schneller verwittert als in den drei Jahrhunderten dazuvor. Am schwersten aber leidet die grüne Lunge des Landes—das bewaldete Drittel der Gesamtfläche der Bundesrepublik—die von dem schwarzen Atem der Industrieschornsteine verseucht wird.

3 Schuldig daran ist vor allem Schwefeldioxyd, das bei der Stahlproduktion und aus Ölheizungen, Raffinerien und Auspufftöpfen sowie auch aus Kraftwerken und Eisenhütten in die Luft freigesetzt wird. Noch giftiger als Kohlenmonoxyd, dieses Schwefeldioxyd rieselt als giftiger Staub oder schlägt als verdünnte Schwefelsäure auf Deutschlands Wälder nieder.

4 Die sogenannte Luftreinhaltungspolitik der 70er Jahre sollte zum Umweltschutz beitragen: Industriebetriebe sollten mit ihrer unmittelbaren Umgebung vorsichtiger umgehen. Aber statt aufwendige Filteranlagen zu installieren, ließen die Konzerne immer höhere Schornsteine bauen, weil diese billiger kommen. So bewirkte diese Politik im Endeffekt nicht die Bereinigung der Umwelt sondern die Verseuchung industrieferner Regionen, auf die der Schmutz herunterrieselt und der Todesregen niederschlägt. Diesen Schloten ist es also zu verdanken, daß die Verseuchung industrieller Gebiete leicht rückgängig ist, während sie etwa im Schwarzwald oder im Bayrischen Wald steigt. Blattpflanzen und Laubbäume sind gegenüber Schwefeleinwirkung weniger empfindlich, aber der deutsche Wald besteht vorwiegend aus Nadelbäumen: Er stirbt.

5 Die hohen Schornsteine Westeuropas schicken ihre Abgase über Grenzen hinaus. Diese Abgase haben in Skandinavien verheerende Auswirkungen auf Wald und Wasser: In Deutschland aber auch, das von anderen Ländern auch etwas abbekommt. Aber nicht nur die grüne Lunge leidet. Lungenkrebssterblichkeit im Ruhrgebiet und im Saarland liegt weit über dem Bundesdurchschnitt; und in der Umgebung von Duisburg, wo die schwere Industrie die Luft schwer vergiftet, leiden bis zu viermal so viele Menschen an chronischer Bronchitis

wie in ländlichen Gebieten: Dafür aber werden die dortigen Einwohner mit dem Schmutz der hohen Schornsteine berieselt.

aus „Das Stille Sterben—Säureregen zerstört den deutschen Wald", abgekürzt Spiegel 1981/47

32. Kapitel s.165

„Das ist ja kein Fluß mehr!"

(Auszug aus einem Interview mit einem Umweltschützer)

INTERVIEWER
Proteste gegen die Zerstörung der Umwelt werden in Hamburg lauter. Das Unglück der „Afran Zenith" machte viele darauf aufmerksam, was an und auf der Unterelbe vorgeht. Jetzt redet man da von Vorsorge gegen Umweltschaden. Neue Spezialgeräte—z.B. zur Bekämpfung von Ölverpestung—sollen gebaut werden. Was wird schon gemacht?

UMWELTSCHÜTZER
Es wird zu wenig in die Tat umgesetzt. Sonst hätten Freiwillige bei der Säuberungsaktion nicht mithelfen müssen. Genug Spezialgerät hätte die Ölpest von vornherein eingedämmt. Vorsorge kommt solchen Unfällen eben zuvor: Das war aber hier leider nicht der Fall.

INTERVIEWER
Liegt die Verschmutzung der Unterelbe Ihrer Meinung nach an solchen Unfällen?

UMWELTSCHÜTZER
Nein, sie liegt an der Industrialisierung der Unterelbe. An beiden Ufern stehen jetzt Chemiewerke, Aluminiumhütten, Raffinerien, Kraftwerke, Atommeiler. Die Unterelbe ist zum Industriekanal geworden, das ist ja kein Fluß mehr in dem Sinne des Wortes.

INTERVIEWER
Sie sehen die Unterelbe also dadurch gefährdet?

UMWELTSCHÜTZER
Dadurch und durch die Steigerung des Schiffsverkehrs. Die Wasserstraße ist zu dicht befahren. Mich wundert's nur, daß es nicht mehr Unfälle gibt. Dann könnten wir 'was erleben: Es werden so viele Giftstoffe darauf transportiert.

INTERVIEWER
Der ökologische Ausgleich ist also bedroht?

UMWELTSCHÜTZER
Er ist schon zerstört! Der Fluß ist so verschmutzt, es sind schon keine Fische mehr darin. Auch chemische Abfälle und Giftschlamm kommen teilweise unbereinigt in den Fluß: Der ist ja einfach zu einer industriellen Müllkippe geworden.

INTERVIEWER
Betrifft das ausschließlich die Elbe?

UMWELTSCHÜTZER
Lange nicht! Man braucht nur eine Karte der verschmutzten Flüsse anzusehen. Anderswo ist die Situation auch genau so schlimm. Die Weser wird beispielsweise schon jenseits der innerdeutschen Grenze schwer verschmutzt; und der Rhein trägt den Spitznamen „Kloake Europas": Wehe dem, der hineinfällt! Aber wir protestieren gegen die Verschmutzung der Elbe, weil sie eben unser Fluß ist.

INTERVIEWER
Und wie sehen Sie die Zukunft?

UMWELTSCHÜTZER
Also, viele Flüsse versucht man zur Zeit zu retten; und das Ausmaß der Verschmutzung mag an manchen Stellen wohl verringert worden sein. Aber an der Elbe sind noch keine Besserungen in Sicht: Da liegen noch so viele Industrialisierungspläne vor. So geht's nicht.

33. Kapitel s.170

Der Joghurtbecher

Der Joghurtbecher ist ein Musterbeispiel für Materialvergeudung, in seinem Fall Material, das aus Erdöl gewonnen wird. Mit solchen Fließbandprodukten, Symbol der Wegwerfgesellschaft, haben sich Konsumenten an bequeme Verpackungen gewöhnt. Versehen mit einem bunten Aufdruck der Molkerei-Industrie wird der Becher mit Joghurt gefüllt: Benutzt wird er nur die wenigen Tage bis zum Ablauf des Haltbarkeitsdatums.

In Sekunden produziert und in wenigen Minuten am Frühstückstisch ausgelöffelt wandert er auf den Müll. Dort gibt es kein Verfallsdatum, denn der Kunststoffbecher ist in der Mülldeponie nahezu unzerstörbar. Er verrottet nicht, er verschimmelt nicht, Bakterien, die ihn zerfressen, wurden von den Wissenschaftlern bislang vergebens gesucht. Erst nach 25 000 Jahren beginnt der achtlos weggeworfene Joghurtbecher sich aufzulösen. Die ältesten Amphoren, in denen die Griechen ihren Wein abfüllten, sind gerade 2500 Jahre alt. Der Joghurtbecher wird seine antiken Vorbilder um -zig Jahrtausende überleben.

12. Einheit

34. Kapitel s.177
Zur Hölle mit Maxi

Immerhin besitze ich mehr als 100 mehrstündige Aufnahmen—nur: Wann soll ich sie denn bloß genießen? Schlaflose Nächte, um alles abzuarbeiten? Endlich begreifen, was ein kluger Kollege schon vor Jahren sagte— daß auch besser eingeteilte Fernsehzeit den Tag nicht auf 26 Stunden bringt? Nur die Filme speichern, die ich garantiert noch in vielen Jahren werde genießen wollen— Klassiker, möglichst im Original, komplette Retros großer Regisseure und Darsteller?

Nein, ich mag nicht mehr! Ich werde mich von dieser „Maxi" trennen, zum Teufel mit allen Booms und Trends und neuen Video-Tollheiten.

Die Zeit mit „Maxi" war nur selten ein Jux und hat mich in nun fast 2 Jahren—Reparaturen inbegriffen—etwa 8000 Mark gekostet.

Ein bißchen viel Lehrgeld, finde ich, und längst noch nicht alles, weil ich in den beiden Jahren meiner Schwarzseher-Zeit noch kein Pfennig Geld für die aufgenommen Filme an die Gebühreneinzugs-Zentrale der Fernsehanstalten zahlte!

35. Kapitel s.179
Wie beeinflußt der Fernseher unsere Kinder?

FRAU LINDE Ich wollte Sie eigentlich was ganz Bestimmtes fragen. Frau Lünen. Haben Sie nicht auch mit Karin Probleme gehabt mit Fernsehen?

FRAU LÜNEN Wie meinen Sie das?

FRAU LINDE Ich finde, die Sonia schaut einfach zu viel fern. Zum Beispiel, die will nicht einmal die Werbespots versäumen. Und wenn ich ihr dann sage, sie soll nicht so viel fernsehen, wird sie mal richtig böse. Ich frage mich aber wirklich, ob sie diese ganzen Filme sehen sollte—so viel Brutales!

FRAU LÜNEN Stimmt schon, im Fernsehen ist ziemlich viel so! Es kann wiederum schon was Gutes bringen. Was denken Sie, was unsere Kinder alles nicht wissen würden, meinetwegen über die Umwelt, wenn sie Fernsehen nicht hätten. Aber ich sitze oft mit Karin, und wir suchen dann aus— das heißt sie und ich—, was wir gerne sehen möchten; so Sachen wie Schulsendungen, aber auch schon einiges, was erst später am Abend läuft. Karin denkt dann ganz viel darüber. Und ich finde, sie ist ganz gut informiert.

FRAU LINDE Aber Sonia schaltet oft ein, ohne zu wissen, was läuft.

FRAU LÜNEN Das finde ich auch nicht gut. Bei uns darf so was nicht gemacht werden! Erst schauen, was läuft—dann mal überlegen. Das ist ein gutes Training.

FRAU LINDE Aber wenn es dann auch Kabelfernsehen gibt? Da wird's ein noch größeres Programmangebot geben.

FRAU LÜNEN Sie—machen Sie sich keine Sorgen! Das kostet alles zu viel. Daraus wird nicht viel, auch wenn bei uns verkabelt wird.

FRAU LINDE Und mit zu viel Fernsehen—was würden Sie machen?

FRAU LÜNEN Begrenzte Fernsehzeit? Haben Sie das schon versucht?

FRAU LINDE Da wollte ich noch nichts sagen. Aber die Sonia hat auch Alpträume—und die Augen am Morgen!

FRAU LÜNEN Also—ich würde vorschlagen: Das nächste Mal schlagen Sie ihr vor, was anderes zu machen. Das wird Ihnen aber auch eine bestimmte Mühe kosten!

FRAU LINDE Das sehe ich schon kommen. Hätte ich mir gerne noch ersparen mögen.

36. Kapitel s.184
Die neuen Medien—große Chance für die Zukunft?

MARTIN
Wenn das Fernsehnetz noch weiter ausgebaut würde, tät mein Vater noch länger vorm Bildschirm hocken. Der hilft sowieso nie zu Hause—läßt sich vorm Fernseher von meiner Mutter so richtig bedienen.

ANDREA
Das ist aber keine Rechtfertigung dafür, das Netz nicht auszubauen. Bedenke doch, was man alles erreicht hat, weil es das Fernsehen gibt. Wie würden sonst so viele Leute über andere Länder Bescheid wissen? Wie könnte man sonst so viel lernen? Denk doch an die Schulsendungen und die Dokumentarfilme! Findest du nicht, man kann durch das Fernsehen mobilisieren, wenn es was Wichtiges zu tun gibt?

MARTIN
Ich würde sagen, das Fernsehen macht weniger mobil—denk an die USA! Alles nur Unterhaltung, nichts Ernstes!

ANDREA
Vom Fernsehen kann man überall viel lernen. In England habe ich damals beim Schüleraustausch oft ferngesehen, so abends, das ist eine ganz aufschlußreiche Art, eine Fremdsprache zu lernen. Ich habe in den Wochen irre viele Fortschritte gemacht, weißt du noch? Das hat in großem Maße am Fernsehen gelegen—ich meine, man hört, und die Bilder zeigen dir alles: Was du nicht sofort verstehst, lernst du von den Bildern. Mit mehr Kanälen könnte man mehr Fremdsprachensendungen bringen.

MARTIN
Aber die Familie, bei der du warst, hat dir damals viel erklären müssen.

ANDREA
Ja, sicher.

MARTIN
Ja, genau. Wenn man das bespricht, was im Fernsehen läuft, ist es natürlich ganz was anderes. Dafür wäre ich. Aber ich glaube, in den meisten Familien würde das nicht passieren.

ANDREA
Vorerst vielleicht nicht. Aber durch den Fernseher kann man Denkprozesse anregen. Man müßte Eltern dazu bringen, viel mehr mit den Kindern zu diskutieren.

MARTIN
Und wenn so viele Leute Computer und Videogeräte im Haus haben?

ANDREA
Irre Vorteile, was Lernen betrifft! Denk daran, was man alles aufspeichern kann! In der Schule ist das bestimmt ein großer Vorteil.

MARTIN
Aber die Lehrer werden dann doch überflüssig ...

ANDREA
Keineswegs. Wie gesagt, nur durch Diskussion des Gesehenen wird der Prozeß völlig durchgeführt. Erst wird der Denkprozeß angeregt, von den Lehrern dann weitergeführt. So könnte man die Kinder auch anregen, mit den Eltern mehr zu diskutieren. Was meinst du, was wir dann nicht alles ändern könnten!

13. Einheit
37. Kapitel s.191
Hausmänner und berufstätige Frauen

ERSTER BEFRAGTER
Ich würde meine Frau nie arbeiten lassen. Eine Frau sollte zu Hause bleiben, für die Kinder sorgen, putzen, kochen, eine gemütliche und entspannte Stimmung in der Familie schaffen. Das ist nämlich eine sehr wichtige Rolle: Sie dürfen nicht denken, sie bedeutet nichts. Aber ich bin der Ernährer, fünf Tage in der Woche arbeite ich, daß wir gut leben können. Soll ich etwa den Haushalt führen, wenn ich dann müde nach Hause komme?

ZWEITE BEFRAGTE
Männer ohne Beruf, die zu Hause bleiben? Das muß doch demütigend sein, wenn die Frau arbeiten geht. Für mich sind sie Aussteiger. Entweder haben sie keine Ausdauer bei der Arbeit, oder sie haben nicht genug nach einer interessanten Arbeit gesucht. Außerdem ist doch die Frau Mutter der Kinder, mit ihr verstehen sie sich am besten—ist doch logisch, daß ein Mann das nicht ersetzen kann. Er kann vielleicht versuchen, die Rolle im Notfall eine Zeitlang zu übernehmen, aber nur vorübergehend. Auf längere Zeit bleibt ihm so etwas ausgeschlossen.

DRITTER BEFRAGTER
Tja, schön und gut, wenn die Frau berufstätig ist und ihr Mann zu Hause bleibt und die Kinder versorgt. Ich persönlich habe nichts gegen eine solche Lebensform, vor allem in diesen Tagen der verkürzten Arbeitszeit und Arbeitslosigkeit. Aber wir müssen andere soziale Ansichtspunkte bedenken. Der Frau nämlich könnte man vorwerfen, sie werde von einem nicht sehr fleißigen Ehemann (oder gar unverantwortlichen) ausgenommen. Ob sie dann selbstbewußt genug ist, um sich gegen solche Unterstellungen zu wehren? Und wenn die Kinder zur Schule gehen—was wird aus dem Mann, wenn er wieder einen Beruf haben möchte? Ich meine, wie rechtfertigt er beim Chef die Jahre, in denen er gar nicht gearbeitet hat?

VIERTE BEFRAGTE
Kein Zweifel, es braucht Mut, so aus der Reihe zu fallen: Ich würde sagen, es sind die wenigen, die so was machen: Bewundernswert. Schwierigkeiten haben aber eher die Frauen: Sie werden kritisiert, sie wollen nur alles machen, was Männer können. Und wenn der Hausmann irgendwie versagt, muß auf jeden Fall die eigentlich Zuständige dann einspringen: Die Frau! Sie hat also die große Verantwortung, zumal man auch von ihr erwarten wird, sie verbringt abends möglichst viel Zeit mit **ihren** Kindern!

38.Kapitel s.195
Papa hat nichts gegen Italiener

SOHN Vincenzo hat nur ein ganz kleines Zimmer, sagt Charly, da ist nicht mal eine Heizung drin. Aber er muß eine Menge Geld dafür bezahlen—das machen die Leute hier mit allen Gastarbeitern so.

VATER Tja—meistens haben diese Gastarbeiter aber selbst schuld. Sie brauchten doch diese Wucherpreise nicht zu zahlen.

SOHN Charly hat gesagt, sonst kriegen sie überhaupt keine Wohnung. Die meisten Leute hier mögen Italiener nicht. Du hast doch nichts gegen Italiener, Papa, oder?

VATER Was sollte ich gegen Italiener haben?

SOHN Was haben die Leute denn gegen die Italiener?

VATER Die Leute sind eben der Meinung, daß Italiener und Türken und so weiter nicht viel taugen.

SOHN Und was denkst du von den Italienern?

VATER Nichts. Was soll ich denn schon von ihnen denken!

SOHN Man müßte viel mehr für die Italiener tun, sagt Charly. Tust du denn etwas für die Italiener, Papa?

VATER Ich kann nichts für sie tun, weil ich keine Italiener kenne. Außerdem sind Italiener nicht die einzigen Gastarbeiter in der Bundesrepublik! Ich habe mich neulich zum Beispiel sehr nett mit einem türkischen Ehepaar unterhalten.

SOHN Und hast du auch was für die getan?

VATER Ich kann doch nicht für jeden, den ich zufällig treffe, gleich was tun! Wie stellst du dir das denn vor? In gewisser Weise habe ich schon etwas für sie getan.

SOHN Wie denn?

VATER Ich habe sie wie Gäste behandelt.

SOHN Wie denn?

VATER Frag doch nicht so dumm! Wie behandelt man Gäste?

SOHN Weiß ich nicht.

VATER Gäste behandelt man höflich.

SOHN Wie ist man denn, wenn man höflich ist?

VATER Man vermeidet es, seine Überlegenheit zu zeigen, man benimmt sich taktvoll. Mir ist es zum Beispiel nicht in den Sinn gekommen, diesen Türken zu zeigen, daß ich mehr kann und weiß als sie.

SOHN Weißt du denn mehr als sie?

VATER Natürlich weiß ich mehr als sie.

SOHN Woher weißt du denn, daß du mehr weißt?

VATER Weil ich als Beamter eine höhere Bildung besitze als türkische Fabrikarbeiter, das leuchtet vielleicht sogar dir ein.

SOHN Wie ist das denn, eine höhere Bildung?

VATER Na, wenn man sich zum Beispiel gewählt ausdrückt, wenn man gutes Deutsch spricht.

SOHN Sprichst du auch besser Türkisch als die Türken, Papa?

VATER Unsinn, ich spreche überhaupt nicht Türkisch.

SOHN Dann sind die Türken ja vielleicht auch gebildet. Und du merkst das bloß nicht, weil du ja nicht Türkisch sprichst. Oder?

VATER Nein, diese Türken waren nicht gebildet.

SOHN Haben die dir das gesagt?

VATER Das habe ich gesehen. Schluß jetzt!

39.Kapitel s.198
Eine Sozialarbeiterin spricht mit einer Frauengruppe

SOZIALARBEITERIN   Natürlich wollt ihr den türkischen Frauen helfen, sich hier besser zu integrieren, aber es bestehen bestimmte Probleme. An erster Stelle stehen die Vorurteile anderer Deutscher gegenüber Gastarbeitern. Diese wirken sich so aus, daß viele Türken sehr empfindlich sind, wenn es um Kritik geht. Wenn ihr ihnen sagt, sie behandelten ihre Frauen nicht richtig, könntet ihr selber als türkenfeindlich gelten. Die Türken wissen, die meisten Ausländerfeindlichen werden nicht mehr gewalttätig, sie erwarten also, daß die Feindlichkeit sich anderweitig äußere. Wie ihr mit den Türken sprecht, ist also äußerst wichtig. Konfrontation darf nicht sein, auch wenn es stimmt (unter uns gesagt!), daß viele Türkinnen unterdrückt werden von den Männern.

Zweitens besteht ein großer kultureller Unterschied. Für viele Türken gelten Frauen als Diener der Männer: Das beruht auf der Religion. Wir sollen nicht denken, alle Türkinnen wollten so werden, wie wir es sind. Um Emanzipation kann es noch nicht gehen.

Drittens: Viele Türkinnen können kaum Deutsch—teilweise auch die, die schon seit Jahren hier leben. Sie verstehen nicht viel, und viele haben Angst auszugehen, weil sie sich schämen, von so vielen Menschen angeschaut zu werden. Ihre Kopftücher bezeichnen sie als Andersartige; sie leben also zurückgezogen, oft sehr einsam. Unter Türkinnen sind seelische und psychologische Störungen keine Seltenheit, aber viel kommen nie richtig zutage, weil die Frauen sich nicht trauen, zum Arzt zu gehen.

Wie wir ihnen helfen wollen, ist für mich die erste und wichtigste Frage. Meine Antwort darauf lautet: durch Vertrauen. Nicht nur die Frauen sondern auch die türkischen Männer müssen zu uns Vertrauen gewinnen, denn erst müssen wir ihre Vorurteile gegenüber uns abbauen. Alles, was wir machen, muß ihnen offensichtlich helfen, hier besser leben zu können—freiwilliger Sprachunterricht in der Gemeinde, zum Beispiel. Dadurch kommen wir ihnen näher.

14. Einheit
40. Kapitel s.209
Sauberes Wasser für alle

Unter der Spruchparole „Bis 1990 sauberes Wasser für alle" führt die W.H.O. eine Kampagne, in aller Welt gutes und sicheres Trinkwasser zu versorgen. Dazu benötigt die Organisation viel Hilfe von den entwickelten industrialisierten Ländern, die Wasserpumpen, Bohrmaschinen so wie auch Entwicklungshelfer mit technischem Wissen in die unterentwickelten Länder der Dritten Welt schicken können. Bis 1990 soll dann die heutige Lage, wobei oft mal die einzige Trinkwasserquelle für ganze Dörfer ein schmutziges Wasserloch ist, zur Vergangenheit gehören.

Das Problem wird aber oft dadurch erschwert, daß man dabei auf weitere Schwierigkeiten stößt, so wie zum Beispiel in Somalia, wo man in einem wasserarmen Gebiet in zehn Meter Tiefe grub, um bloß auf ein wenig schmutziges Wasser zu kommen: Die Wassertafel war nämlich wegen einer anhaltenden Dürre abgesunken. In Somalia auch, fand ein medizinischer Mitarbeiter einer Hilfsorganisation, starben in einer einzigen Woche in einem Flüchtlingslager als direkte Folge des verseuchten Wassers, das sie zum Trinken hatten, 72 Menschen an Gastroenteritis, darunter 68 Kinder von unter fünf Jahren.

Sauberes und sicheres Wasser kann nicht nur Krankheiten beseitigen, das wissen nunmehr viele Kleinbauern im indischen Staat Gujerat. Dank neuer Bewässerungsanlagen holten sie drei Ernten im Jahr aus ihren Feldern, lieferten ganzen Dörfern also mehr zum Essen; und mit dem Geld, das die Bauern durch Verkaufsprojekte verdienten, bauten sie neue Häuser. So wurde für Tausende eine menschenwürdigere Lebensgrundlage geschaffen.

Die Vorteile guten Wassers kennen inzwischen auch die etwa 6000 Bewohner einer Hochebene des Merapi-Berges auf Java. Früher erkrankten viele an dem verseuchten Trinkwasser, das in der trockenen Jahreszeit die Frauen früher mühselig herschleppen mußten. Eine Studentenorganisation half, eine Rohrleitung zu bauen, um Wasser von sauberen Quellen an den höheren Hängen des Berges an die Bergbewohner zu verschaffen: Jetzt besteht kaum noch Gefahr von Verseuchung. Die Kosten des Projekts: Knappe 15 DM pro Kopf!

41. Kapitel s.211
Wir bitten um Hilfe

INTERVIEWER Wir hören immer wieder Appelle an die Bevölkerung der Bundesrepublik, Menschen der Dritten Welt zu helfen. Ist die Situation so extrem, daß man diese Appelle immer wiederholen muß?

SPRECHER EINER HILFSORGANISATION Wir müssen erst zwischen Katastrophen und Alltag unterscheiden. Diese neue Hungersnot wurde durch eine Dürre ausgelöst; da braucht man Sondermaßnahmen. Aber Äthiopien zählt zu den drei ärmsten Ländern dieser Erde und braucht ein umfassendes Unterstützungsprogramm.

INTERVIEWER Wie ist denn das Ausmaß des Problems?

SPRECHER Für Länder wie Äthiopien spielt die Dürre sowieso eine große Rolle. Aber die Schwierigkeiten sind vielfältig: Die ärmsten Länder der Welt—es sind ungefähr 30—verfügen weder über eine ausreichende Agrarproduktion noch über nennenswerte Rohstoffe. Die Industrieproduktion ist entsprechend gering, so wie auch das Pro-Kopf-Einkommen. 20 Prozent der Bevölkerung über 15 Jahren können zwar lesen und schreiben, aber keine Frage, daß solche Länder ihre Situation aus eigener Kraft nicht verbessern können. Sie haben kein Geld!

INTERVIEWER Hilft es denn, wenn wir immer wieder Geld schicken?

SPRECHER Die Hilfe kommt in verschiedenen Formen; Geld allein ist nicht genug. Viele fordern aber mehr Hilfe von den Regierungen der Industrieländer.

INTERVIEWER Zahlen wir nicht schon genug?

SPRECHER Nur 0,4 Prozent des Bruttosozialprodukts wird für Entwicklungsländer ausgegeben. Wenn das auf 1 Prozent gebracht wurde, könnte uns das kaum Schwierigkeiten machen. Den armen Ländern würde es aber schon zugutekommen.

INTERVIEWER Kommt die Hilfe nicht schon meist von der Regierung?

SPRECHER Keineswegs. Viele private und

kirchliche Hilfs- und Entwicklungsorganisationen sind in diesem Bereich tätig. Diese schicken Hilfe sowie auch Helfer in die Dritte Welt.

INTERVIEWER
Worauf zielen sie?

SPRECHER
Das ist verschieden, aber die meisten wollen Menschen und Ländern der Dritten Welt zur Selbständigkeit verhelfen. Dazu gehören natürlich auch Ausbildungen, Zusammenarbeit und geeignete technische Hilfe.

42. Kapitel s. 216
Vittorio Pastori

Vittorio Pastori, 55, Koch aus Norditalien, hatte keine Lust mehr, den reichen Bürgern von Varese seine berühmten Kalbsfilets zuzubereiten. Er gab seinen Beruf auf und verkaufte alles, was er besaß, um fortan „mit dem lieben Gott ins Geschäft zu kommen" und etwas für die Schwächeren der Welt zu machen: Der dickleibige Gaumenspezialist wurde Entwicklungshelfer und kümmert sich jetzt um die Hungergebiete in Ostafrika, wo sich sonst für die Armen seit Jahren kaum etwas gebessert hatte.

In Italien sammelt eine von ihm ins Leben gerufene Organisation, „die Freunde von Uganda", Spenden vor allem aus der Industrie: Lebensmittel, Arzneien und Kleider, die den Ärmsten und Verhungernden sofort zugutekommen. Pastoris private Entwicklungshilfe funktioniert so gut, daß auch er dabei nicht zu darben braucht— seine gut 200 Kilogramme hat er im ugandischen Busch gehalten.